AF250690

L'HOMME

DE LA LUNE

Par Elie CAILLET.

RIBÉRAC

CHEZ CAMILLE CONDON, IMPRIMEUR-LIBRAIRE,

Place Nationale.

—

1872.

L'HOMME

DE LA LUNE

Par Elie **CAILLET**.

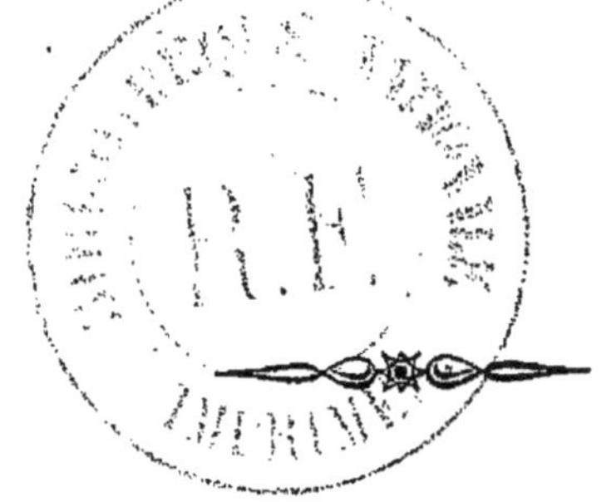

RIBÉRAC

CHEZ CAMILLE CONDON, IMPRIMEUR-LIBRAIRE,

Place Nationale.

—

1872.

L'HOMME DE LA LUNE.

Le 3 du mois d'Avril 1872, je quittai ma maison et je m'enfus dans un bois isolé pour pleurer à mon aise sur le sort de ma pauvre patrie. Le temps était beau, le soleil était pur comme le soleil de juillet ; je m'assis entre deux chênes, et, ma tête entre mes mains, je pleurai sur le sort des pauvres peuples opprimés ; j'étais dévoré par une fièvre qui me rongeait l'âme, quand tout-à-coup une secousse me fit chanceler ; je levai la tête et, à mon grand étonnement, j'aperçus une montagne qui venait de la région céleste. A cette apparition mon cœur se gonfla et je versai d'abondantes larmes ; je ne vis que des brouillards, et je crus d'abord que c'était un rêve ; mais non, c'était la réalité.

Ma plus grande surprise fut quand j'aperçus un homme d'une taille prodigieuse, à vingt mètres de moi. Cet homme avait la bonté peinte sur son visage, et il me rassura par un geste amical ; ce geste me fit penser au Christ, car il avait comme lui une figure évangélique ; cet homme s'approcha doucement, et quand il fût à deux pas de moi. il s'arrêta et me dit, en me tendant la main : Frère, lève-toi, et il me prit la mienne ; en ce moment, je sentis circuler dans mon corps une force à étouffer dans mes bras le tigre le plus féroce. A ce changement surnaturel je demande à mon inconnu : Qui es-tu ? d'où viens-tu, pour que s'opère en moi cette force herculéenne ? « *Je suis le Fils de la Liberté et Homme de la Lune.* » Mais, comment es-tu arrivé jusqu'à moi, et quel est le but de ton message ?

Frère, tu me demandes comment je suis arrivé jusqu'à toi : c'est par la volonté d'un Esprit qui a fait approcher la Lune de la Terre, et une main m'a déposé auprès de toi ! Le sujet de mon message est pour assurer aux peuples de la terre, l'arrivée de la Liberté !

En entendant prononcer ce mot si cher à mon cœur, je respirai à l'aise, et il reprit : Après les malheurs qui ont frappé la patrie que tu aimes, l'avenir lui promet d'heureux jours, car Dieu l'a dit : Chacun aura son tour.

Après avoir attentivement écouté la conversation de mon nouvel ami, je voulus lui raconter les désastres de la France et le nom des misérables qui étaient la cause de son malheur. Mais, à peine avais-je fini ma phrase, qu'il reprit la parole et me dit : Tous ces factieux qui sont l'auteur des malheurs de la France, je les connais, et bientôt ils courberont leur tète sous le poids du remords qui les opresse, écoute-moi ! Je dois te raconter l'histoire de mon pays : La Lune a été longtemps sous le poids de la tyrannie parce que les peuples manquaient d'union.

Après dix siècles d'oppression, toutes les nations de la Lune voulurent se sortir du joug de la tyrannie ; il fallut un effort suprême, mais les hommes qui avaient préparé ce grand jour de lumière devaient subir la couronne du martyr, la mort ne les effrayait pas, car, disaient-ils, il faut que les tyrans viennent aussi petits qu'ils ont été grands !

Tous les rois attendaient ce grand jour avec amertume. Mais le peuple, avant de commencer les hostilités, les somma de déposer leurs couronnes, de rentrer dans la vie de simple citoyen, en leur disant que leur chûte était prochaine, ils demandèrent quatre jours de réflexion ; le peuple crût qu'il était arrivé à son but sans verser de sang; mais il se trompa, car les rois ne rendent pas un pouvoir qu'ils ont volé, sans faire verser le sang du peuple de leurs nations.

Pendant ces quatre jours, les têtes couronnées organisèrent leurs armées, et commencèrent à leur faire distribuer des aliments, du vin et des liqueurs, pour qu'ils puissent tuer leurs voisins, leurs frères, leur père sans les connaître ; les généraux n'oubliaient pas de leur dire que ceux qui s'insurgeaient contre leurs souverains étaient des hommes qui voulaient partager les biens. Le quatrième jour, pour mettre le peuple au défi, les assassins firent ranger leurs troupes sur les places, et les canons rangés en batteries, tout prêts à vomir la mort sur tous ceux qui auraient l'audace de braver le danger ; mais le peuple, qui ne possède que le même esprit et la même volonté, s'élança sur les bataillons avec un courage héroïque, où des murailles n'auraient pu résister à cet élan.

Le choc fut terrible, en moins d'un quart d'heure, le

peuple possédait les canons et plus de la moitié des fusils ; la journée suffit pour renverser l'assassin et tous ses complices. La journée leur fut funeste, car cent vingt trônes furent renversés à la même heure et à la même minute, et, le soir même, on écrivit en gros caractères, sur les portiques de leurs palais, ces mots : EX-REPAIRE DES VOLEURS.

Tous ces rois déchus furent emprisonnés et dégradés. Le lendemain, à midi, au moment où le tyran recevait le châtiment bien mérité, on vit la Déesse de la Liberté portant une bannière où il y avait ces mots écrits : *Liberté, Egalité, Fraternité,* ou aime ton prochain comme toi-même ; à cette apparition, toutes les puissances de la Lune proclamèrent la *République, une et indivisible,* et on ajouta ces mots : « *Malheur à qui cherchera à la détruire.* » Les hommes du privilège voyaient ces mots d'un œil inquiet, les peuples des autres nations tranchèrent la question plus vite que nous, ils fondèrent leur gouvernement sur des bases solides sans s'inquiéter si les ennemis de la justice étaient contents, aussi ce fut la première et dernière révolution depuis cinq siècles.

Dans ma patrie, nous ne fûmes pas si heureux, notre

confiance nous causa une seconde révolution : le peuple du Délice devait subir une nouvelle épreuve, toujours par trop de confiance et d'ignorance. Nous nommâmes un gouvernement où nous laissâmes des hommes de l'ancien régime qui ne cherchaient qu'à diviser les esprits pour devenir encore les maîtres, ou nous faire tomber au creuset du malheur, ou eux, y trouver leur chûte qui devait être prochaine : nous avions la République, mais rien que de nom.

Du temps que ces misérables cherchaient à la détruire, le peuple cherchait à la maintenir ; ils attendaient le moment favorable pour faire un Coup-d'Etat ; ils ne s'attendaient pas qu'ils devaient payer cher leurs fourberies, et tout ça devait avoir une fin ; du temps qu'ils caressaient l'armée, les parents écrivaient à leurs enfants et les initiaient sur la conduite du gouvernement ; le tyran déchu attendait ce jour avec impatience pour exercer sa terrible vengeance, comme font tous les rois détrônés, quand ils peuvent reprendre leur autorité.

Le peuple du Délice se maudissait de ne pas avoir été assez sévère contre cette troupe d'acrobates, et de ne pas avoir pendu le bandit qui était la cause de son malheur.

Au mot de malheur, j'interrompis mon narrateur, et je lui dit : la pauvre France a souvent passé par ces épreuves, tu me déchires le cœur en me racontant les malheurs de ta patrie. A ces mots, il me pria de me taire et il me dit :

« Silence ! Si quelque mouchard t'entendait, demain tu irais sur les pontons ; moi, je puis parler, je ne crains personne, et, quand je t'aurai tout raconté, tu pourras dire à la France : Voilà la route qu'il faut prendre. »

Le peuple du Délice était prêt à braver tous les dangers et à ne reculer devant aucun sacrifice. Le gouvernement se tenait sur ses gardes ; pour encourager l'armée, on lui donna double ration et de la boisson à volonté, pour faire des bêtes féroces à tuer leur père sans le connaître ; mais l'armée voyait bien que c'était une amorce et que cette générosité ne pouvait sortir que de chez des hommes mal famés, ces mêmes hommes qui, quelque temps auparavent, les faisaient mourir de faim.

Ce gouvernement, sans capacité et sans vertu, pensait que l'armée ne s'en rappelait plus.

Tierpla est la capitale du Délice, où siége ce gouvernement corrompu par ses vieilles habitudes tyranniques, qui devait tomber, comme tomba le tyran de Sardes, quoique gardé par 150,000 hommes qui devaient, disaient-ils, enchaîner le peuple comme autrefois. Mais ceux qui avaient porté la couronne de martyr pendant cette période, levèrent la tête et donnèrent le signal de l'attaque. Au premier signal, toute la nation se souleva comme un seul bouclier, femmes et enfants, tout le monde fut debout.

Dans toute la nation, les troupes étaient sur pied, et, à la vue de cette masse imposante, l'armée devait tout détruire, jusqu'aux enfants dans leur berceau ; les comtes, les marquis, toute la noblesse, ou autrement dire les ennemis de la Vérité, se rangèrent derrière l'armée, où cette dernière leur servait de rempart ; ce rempart. c'était le peuple, ou du moins ses enfants. Le peuple s'élança comme s'il avait dû trouver une résistance énergique ; les généraux commandèrent le feu, ils furent obéis ; ils se retournèrent contre leurs chefs, et tous ceux qui n'étaient pas du parti de la vérité, furent taillés en pièces. Ceux-là venaient de payer cher leur vile servitude ; mais il restait quelques généraux qui n'avaient pas voulu se vendre ; ces derniers rangèrent l'armée du côté du peuple : la richesse était d'un côté et l'intelligence de l'autre.

La richesse voulut tenter un dernier effort contre l'intelligence et la justice ; comptant sur des hommes à qui l'argent fait tout faire, autrement dire des hommes qui tuent leur père, leurs frères pour de l'or. Mais leur courage, qui égale leur franchise, fut remis hors de moyens de défense ; alors on vit tomber une écharpe en forme d'oriflamme, où il y avait ces mots : « *Pureté vaut mieux* » *que Vanité, et pour soulager l'infortune, j'affranchis* » *les peuples de la Lune ; faute de bon sens et de vertu,* » *les tyrans sont tombés et ne se relèveront plus.* »

Après avoir pris connaissance de ces mots, les tyrans furent saisis d'effroi et demandèrent si la justice voulait leur permettre de quitter le Délice pour aller dans une autre pays. Tout leur fut accordé ; on leur donna pour patrie l'*Ile ingrate*, qui prit le nom d'*Ile des ingrats*. On les embarqua avec toutes leurs richesses ; le Délice venait de recevoir une purge légale ; il ne lui restait que le sol et des bras qui ne devaient pas le laisser inculte. On organisa un gourvernement sur des bases solides, on prit les hommes qui s'étaient dévoués à la délivrance de la nation. Ces hommes jugèrent fidélité au pays et à la liberté ; quatre hommes furent choisis parmi ceux qui avaient le plus souffert sous le poids de la tyrannie ; les autres, au nombre de 200, se dispersèrent dans le pays pour assurer l'existence des populations ; ces hommes se pénétraient du devoir qu'ils avaient à remplir, aussi jamais on eut de reproches à leur faire ; ils organisèrent le délice sur un pied où jamais nation n'a goûté un pareil bonheur. Ces derniers se rendaient à Tierpla, capitale du Délice, quand ils étaient appelés par le pouvoir exécutif ; cela arrivait souvent, ne pouvant rien faire sans se consulter, parce qu'ils étaient tous à condition, ils avaient tous la même idée et le même dévouement, ils se rendaient esclaves pour le bonheur du peuple ; eux qui avaient tant souffert sous le poids de la tyrannie, aussi le peuple disait : « Ce ne sont pas des hommes mais des Dieux. »

Ils avaient fondé des greniers d'abondance pour subvenir au besoin de la nation en cas de disette, le Délice était devenu un paradis, tout était organisé en moins d'une année. Le Délice ne possédait pas d'or, mais il possédait tout le reste, et ils prièrent le gouvernement d'organiser une fête pour célébrer ce grand jour de délivrance ; le gouvernement ne manqua pas d'obéir, et tout fut prêt à l'heure. Pour annoncer cette fête, au lieu du canon, l'orateur de la tyrannie, ce fut les jeunes filles qui parcoururent les rues, formant une guirlande, portant chacune une bannière où il y avait ces mots : « *Dieu l'a voulu ;* » et, pour le remercier, elles chantaient les louanges de la divinité ; on voyait la joie peinte sur tous les fronts, et, ce jour-là, on prit pour emblème de la nation la déesse la *Liberté*. Le gouvernement jura au peuple et à cette bannière de lui être toujours fidèle.

Aussi, jamais on ne chercha à le remplacer, alors nos émigrés commencèrent à comprendre que l'or ne faisait pas le bonheur et que c'était le travail qui faisait la richesse des nations, et que, sans cela, il n'y avait rien de possible au monde.

Quand ces derniers furent dans leur nouvelle patrie, *Ile des Ingrats*, ils nommèrent leur roi. Ce dernier prit pour emblème de sa puissance, un tigre qui dévorait un homme ; il voulut organiser une armée, mais c'était impossible, tout le monde voulait être général, personne ne voulait travailler ; chez eux, il n'y avait pas d'architectes, ni d'ouvriers d'art, il fallait coucher à la belle étoile, l'intelligence et le courage leur manquaient. Le roi voulut forcer les plus pauvres au travail, ceux-ci lui répondirent qu'ils n'étaient pas faits pour travailler, et ils se révoltèrent. Ils assassinèrent le roi. Tous les jours les crimes se succédaient, et toujours pour contenter leur vile passion ; tant qu'ils eurent de l'or, on leur fournit des aliments, mais il ne frappaient pas monnaie ; dans une période de dix années, ils dévorèrent toutes leurs ressources, et furent réduits à se manger entr'eux.

Ils avaient tout perdu en voulant tout avoir, même jusqu'à leur vie.

En même temps que mon compagnon finissait sa phrase, le temps devint noir, un éclair jaillit et un coup de tonnerre se fit entendre. Une main le prit et l'emporta dans les nues à une hauteur prodigieuse. A ce moment, j'entendis une voix qui me dis : « Frère, rappelle-toi de l'*Homme de la Lune* et de la *République du Délice*. »

FIN.

Ribérac. — Imprimerie CAMILLE CONDON.